釋文

① 廷主
戸發

② 四月丙午朔癸丑遷陵守丞色下少內謹案致之書到言署金布發它如
律令／欣手／四月癸丑水十一刻＝下五守府快行少內

③ 遷陵以郵行
洞庭

④ 遷陵已計卅四年餘見弩臂百六十九
·凡百六十九
出弩臂四輸益陽
出弩臂三輸臨沅
·凡出七
今八月見弩臂百六十二

秦・里耶簡牘（1）

湖南湘西龍山縣里耶鎮戰國秦漢古城一號井出土 長23cm

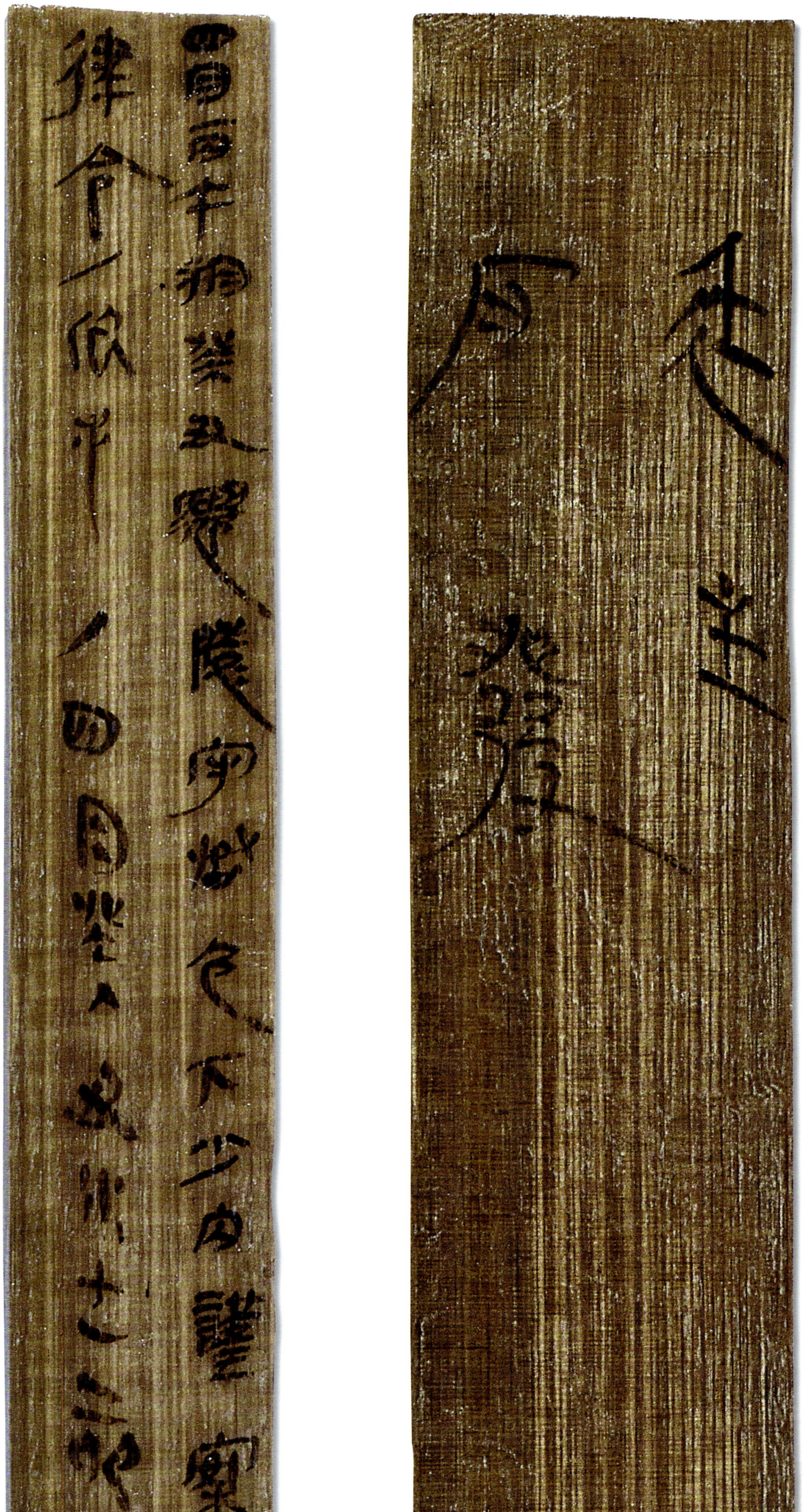

里耶簡牘（１）　(局部)

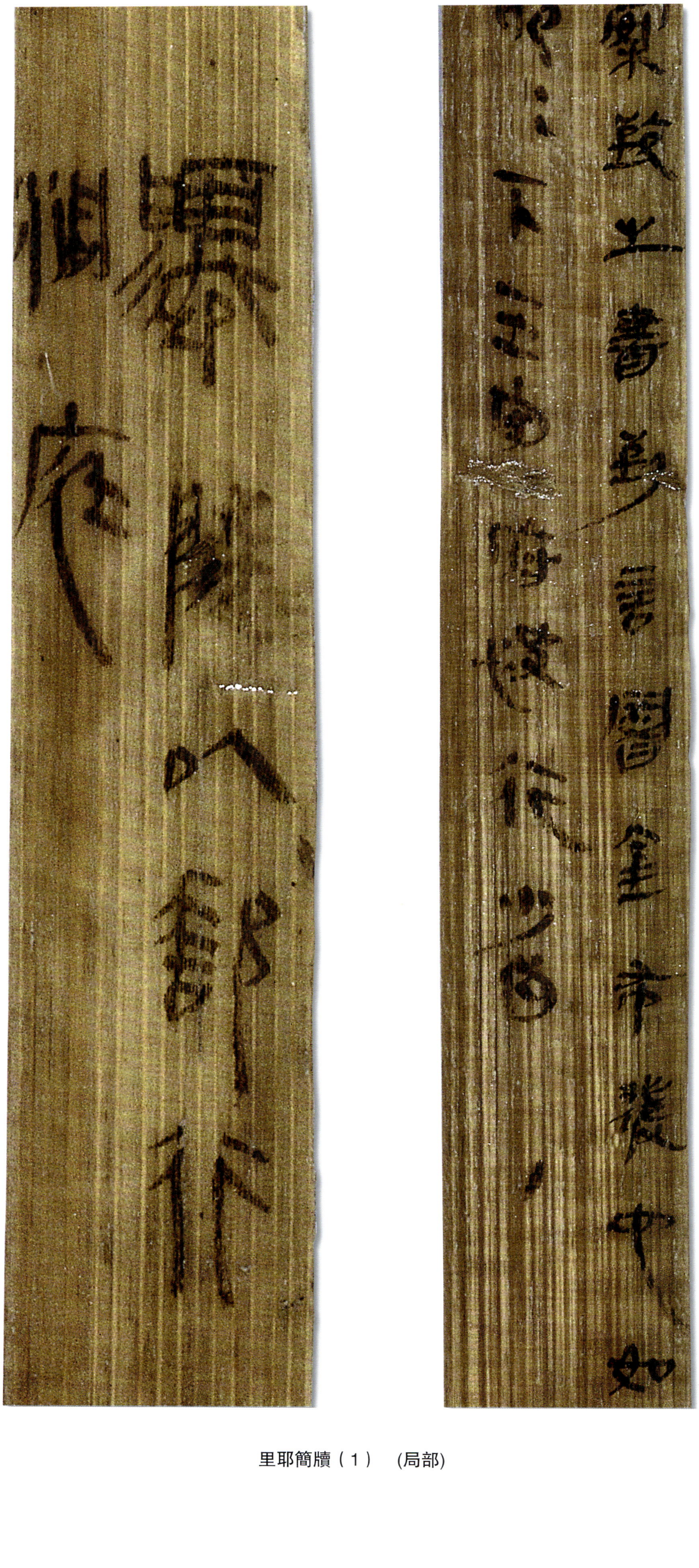

里耶簡牘（1） (局部)

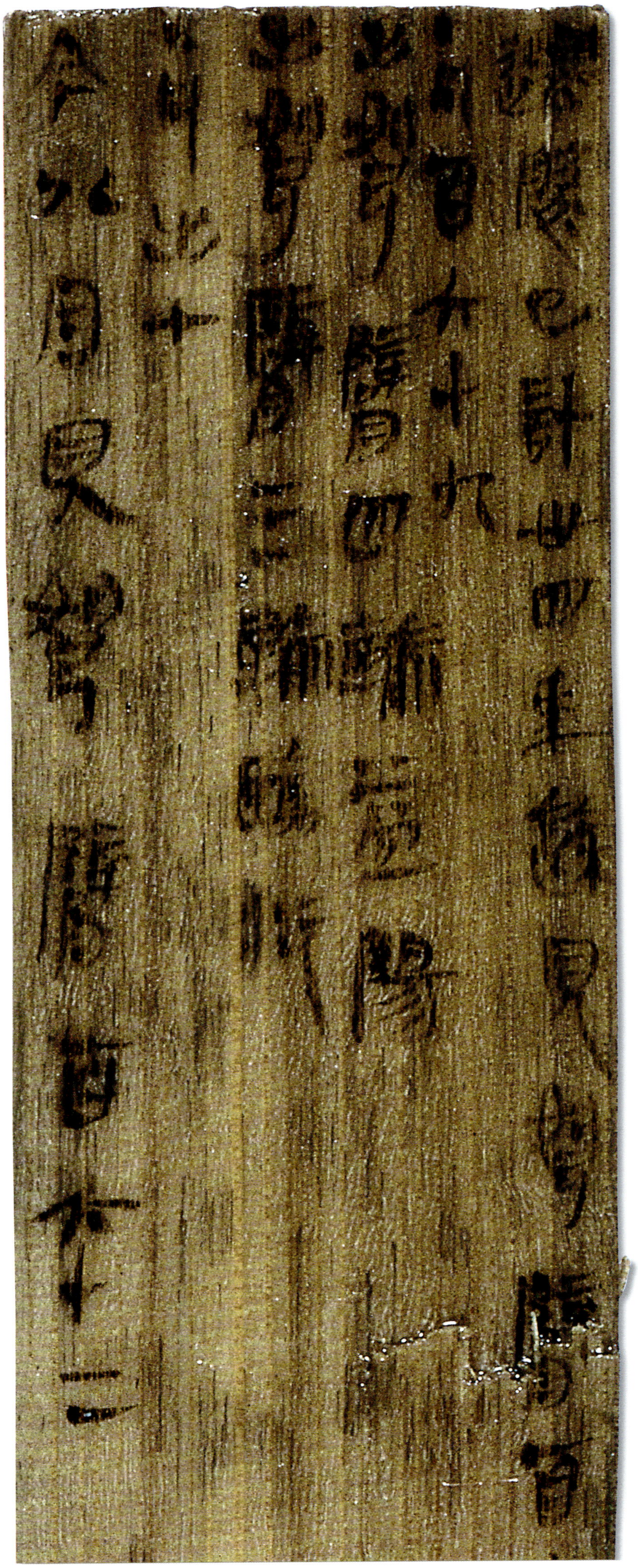

里耶簡牘（1）　(局部)

釋文

① 卅三年四月辛丑朔戊申司空騰敢言之陽陵褆陽上造徐有貲錢二千六百八十
八徐戍洞庭郡不智何縣署今為錢券一上謁言洞庭尉令署所縣責以
受陽陵司＝空＝不名計問何縣官計付署計年為報已訾其家＝貧弗能入
乃移戍所報署主責發敢言之
四月庚戌陽陵守丞厨敢言之寫上謁報＝署金布發敢言之／儋手
卅四年八月癸巳朔＝日陽陵遬敢言之至今未報謁追敢言之／堪手

② 卅五年四月己未朔乙丑洞庭叚尉觿謂遷陵
丞陽陵卒署遷陵以律令從事報之／嘉手以
洞庭司馬印行事

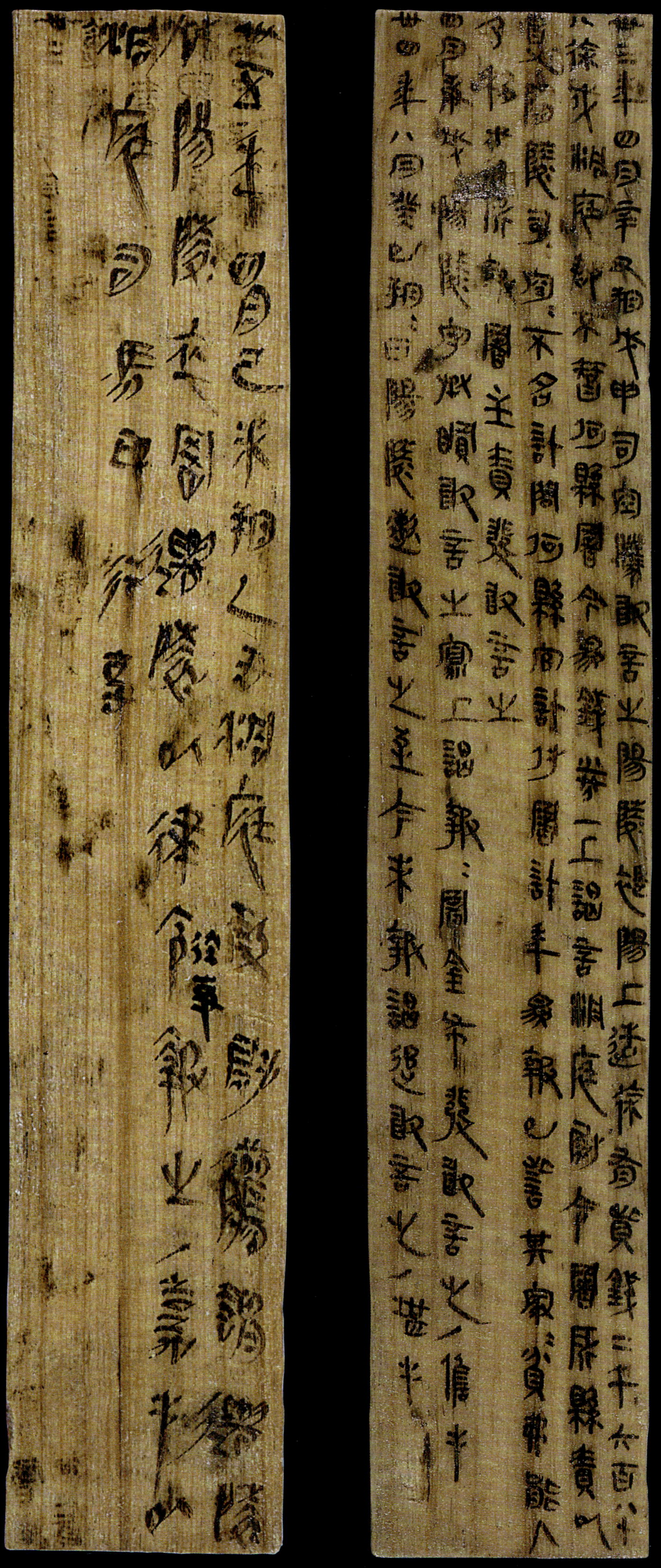

秦・里耶簡牘（2）（①正面 ②背面）

湖南湘西龍山縣里耶鎮戰國秦漢古城一號井出土 長23cm

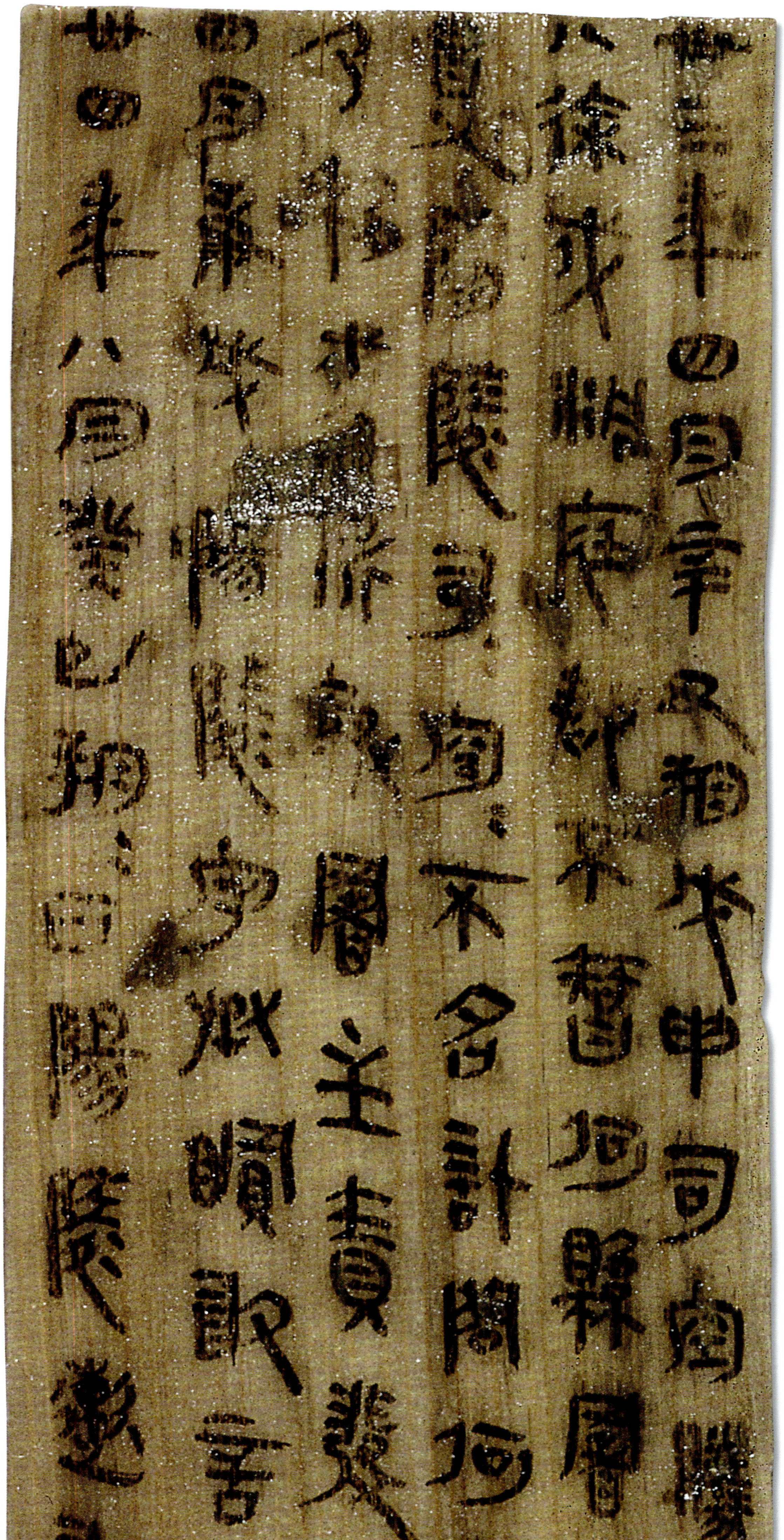

里耶簡牘（2） (局部)

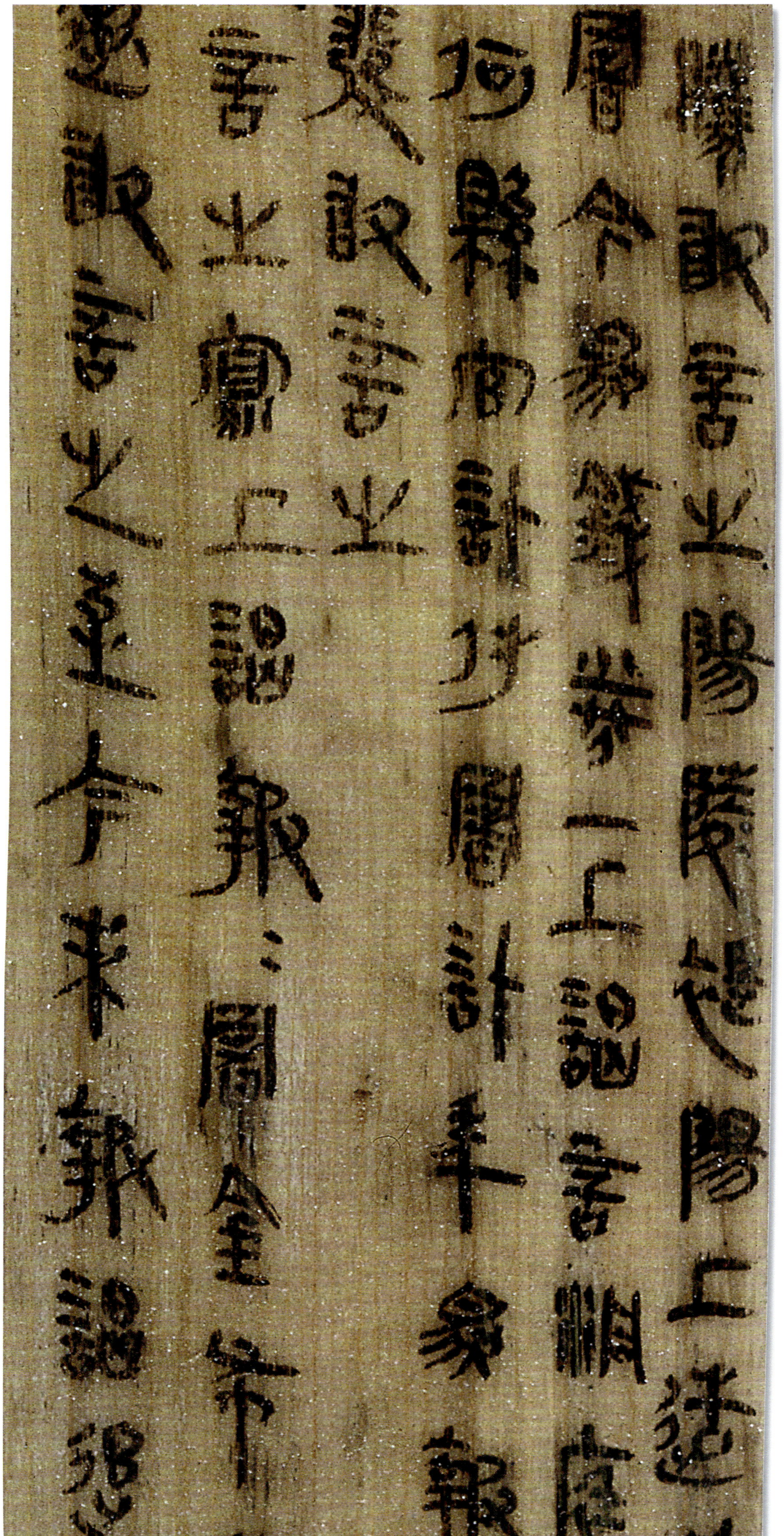

里耶簡牘（2） (局部)

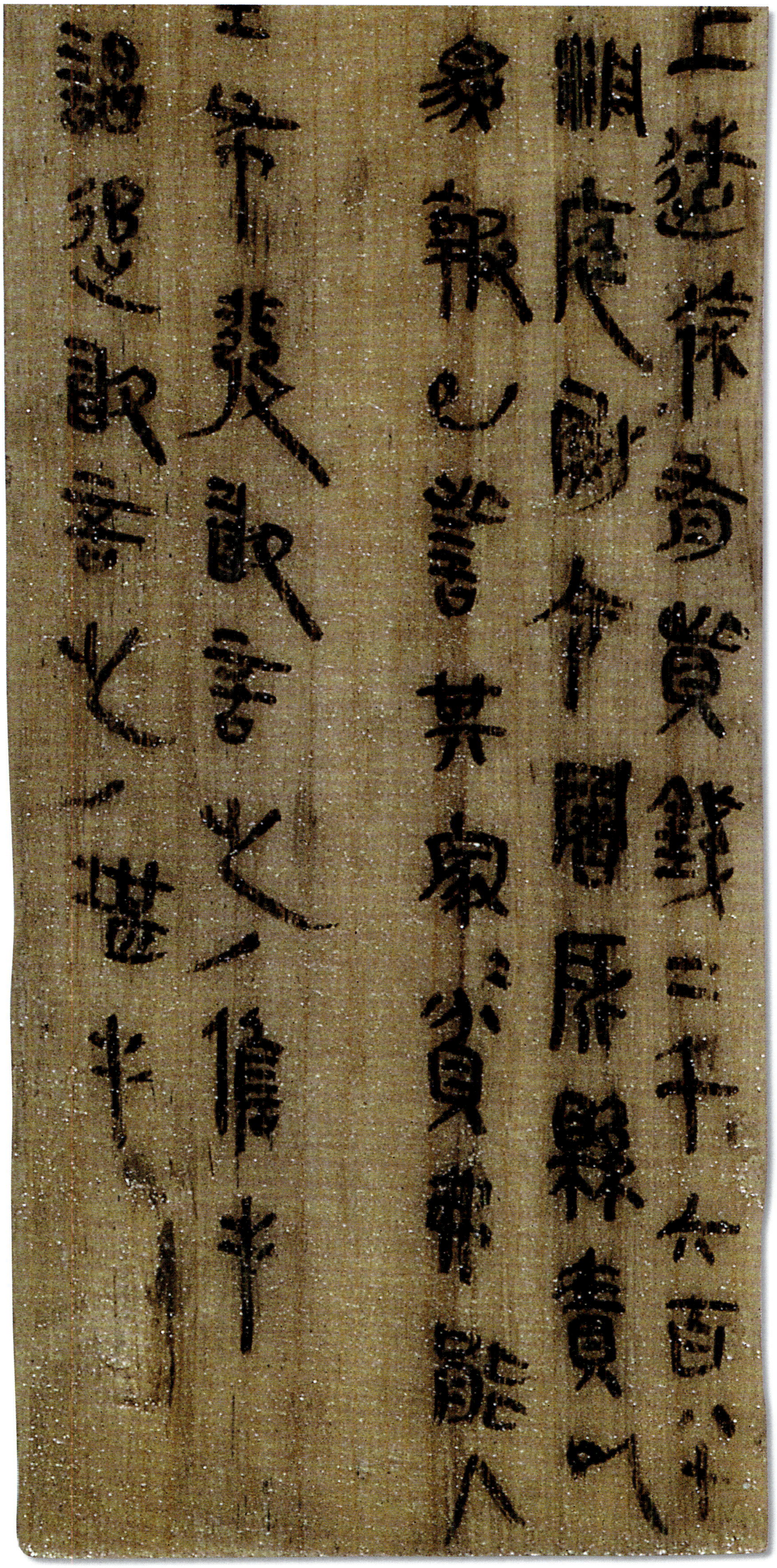

里耶簡牘（2） (局部)

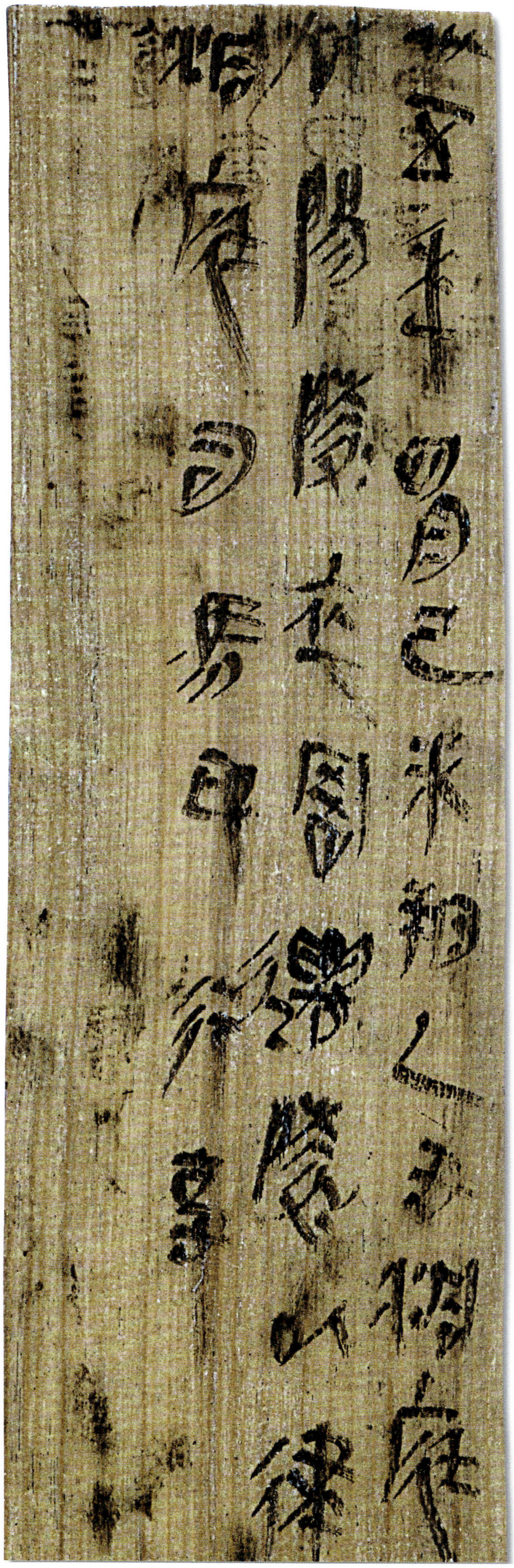

里耶簡牘（2） (局部)

里耶簡牘（2） (局部)

釋文

① 卅三年四月辛丑朔丙午司空騰敢言之陽陵宜居士五毋死有貲餘錢八
千六十四毋死戍洞庭郡不智何縣署・今為錢校券一上謁言洞庭尉令
毋死署所縣責以受陽陵司＝空＝不名計問何縣官計年為報
已訾其家＝貧弗能入乃移戍所報署主責發敢言之
四月己酉陽陵守丞厨敢言之寫上謁報＝署金布發敢言
之／儋手

② 卅四年六月甲午朔戊午陽陵守慶敢言之未報謁追敢
言之／堪手
卅五年四月己未朔乙丑洞庭叚尉觽謂遷陵丞陽陵卒署遷
陵其以律令從事報之當騰＝／嘉手・以洞庭司馬印行事
敬手

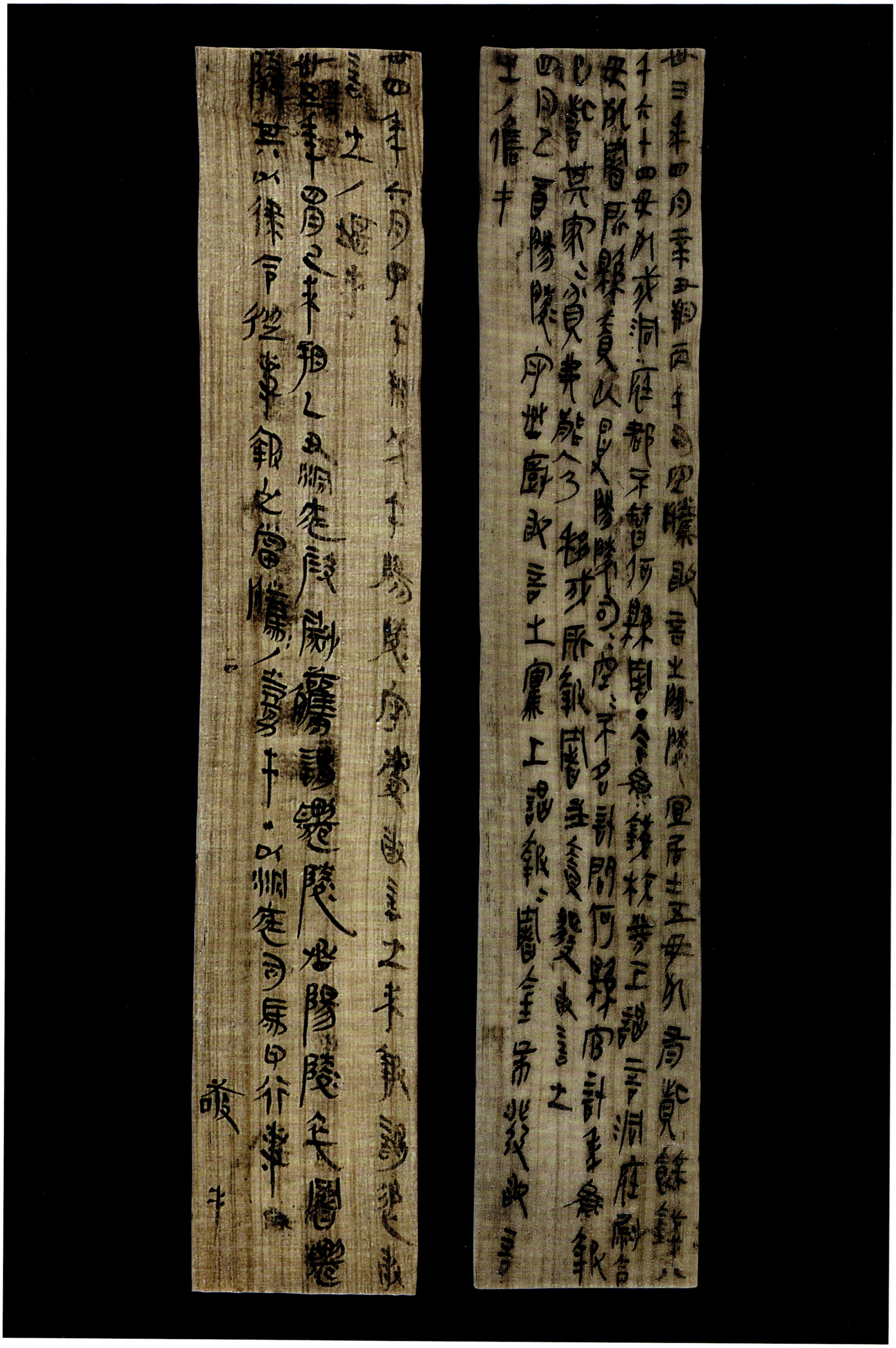

秦・里耶簡牘（3）（①正面 ②背面）

湖南湘西龍山縣里耶鎮戰國秦漢古城一號井出土 長23cm

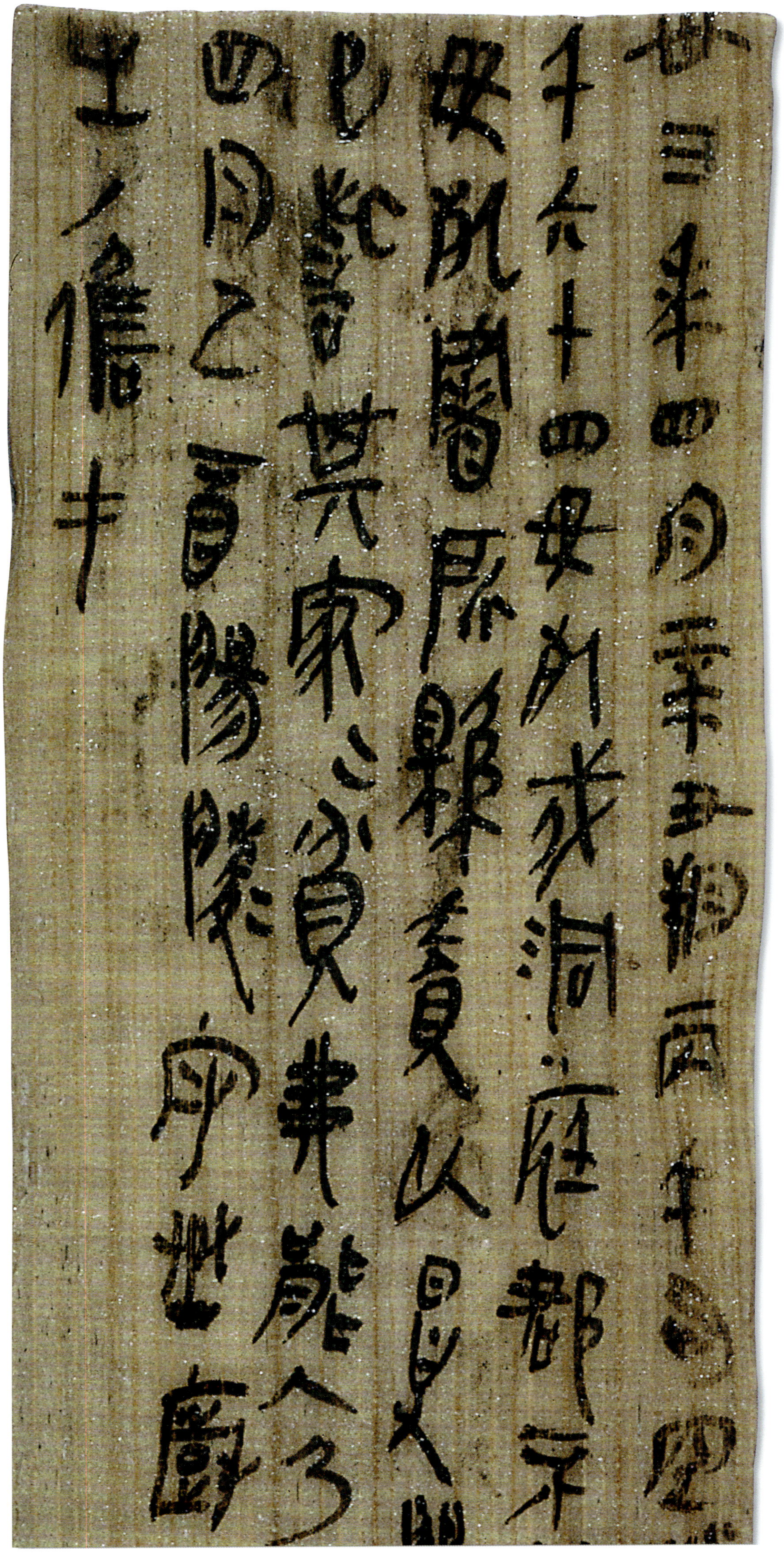

里耶簡牘（3）　(局部)

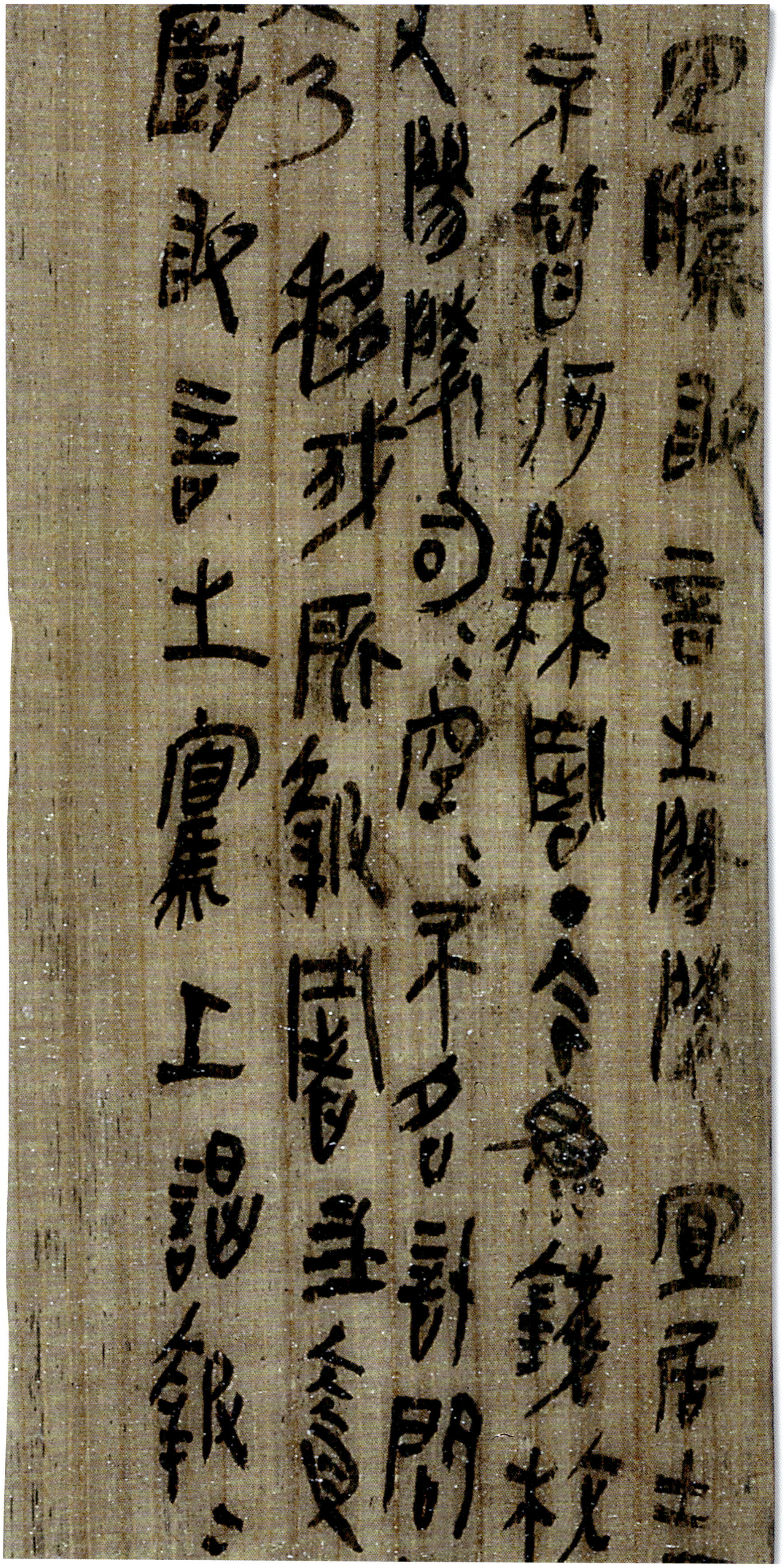

里耶簡牘（3） (局部)

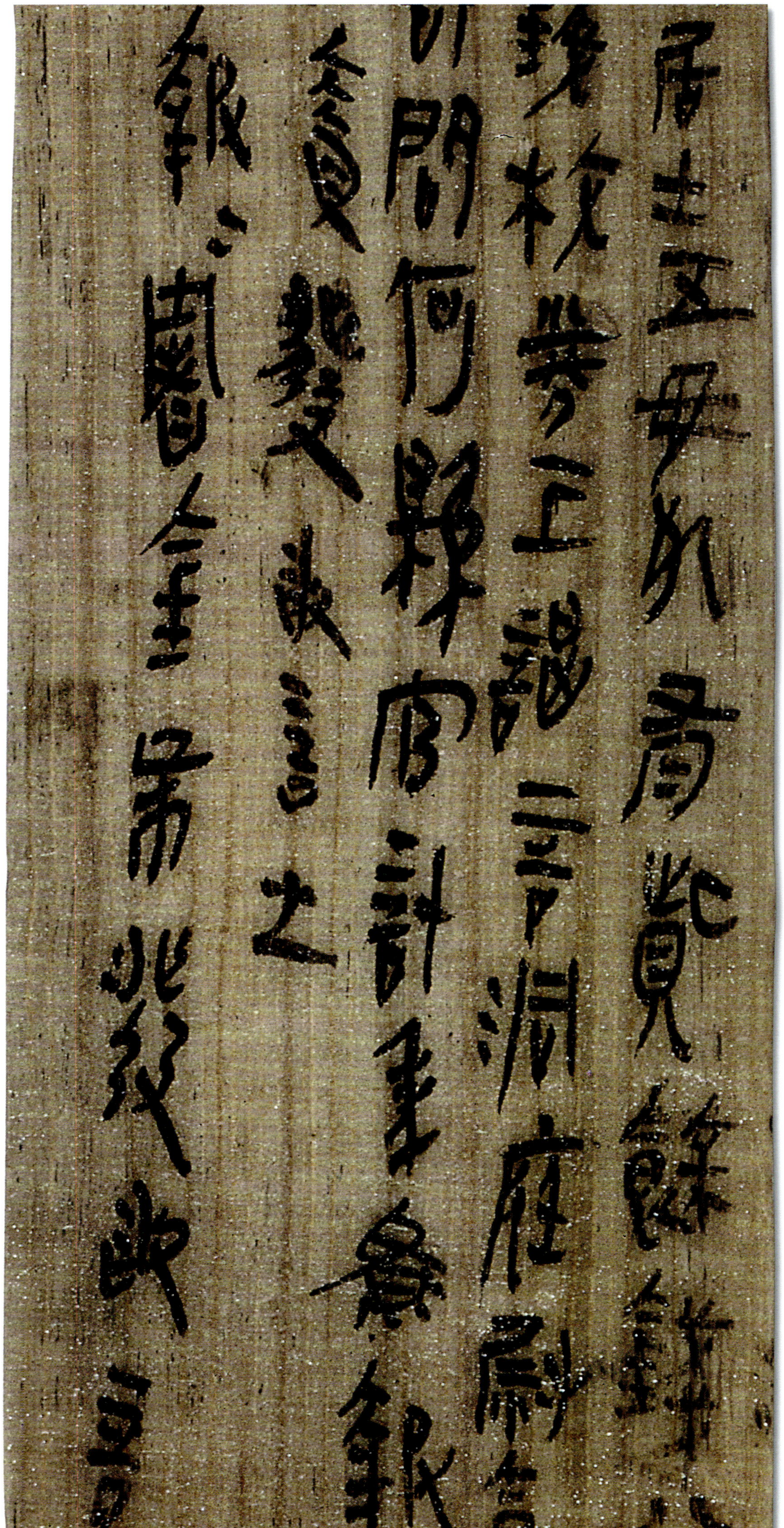

里耶簡牘（3） (局部)

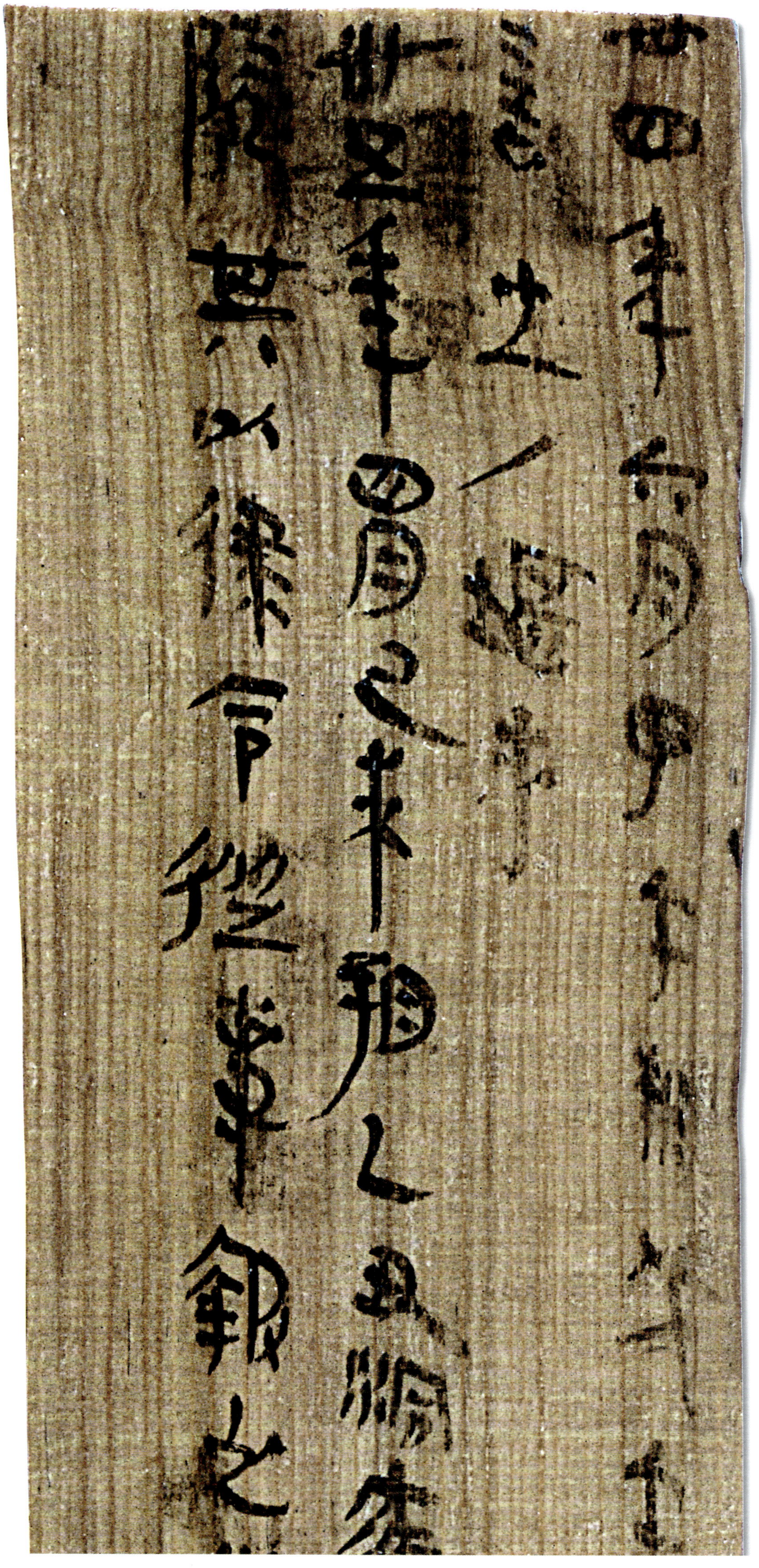

里耶簡牘（3）　(局部)

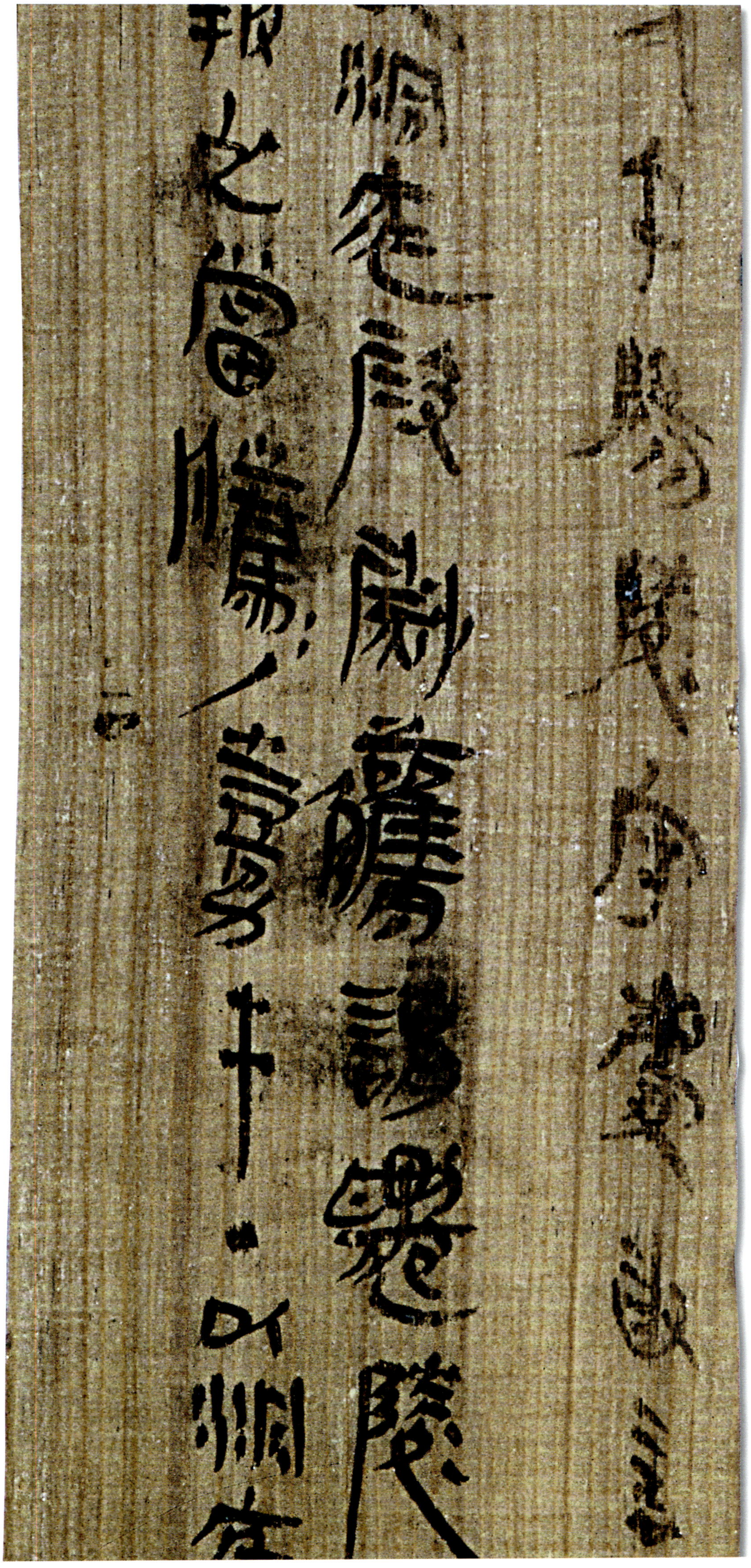

里耶簡牘（3）　(局部)

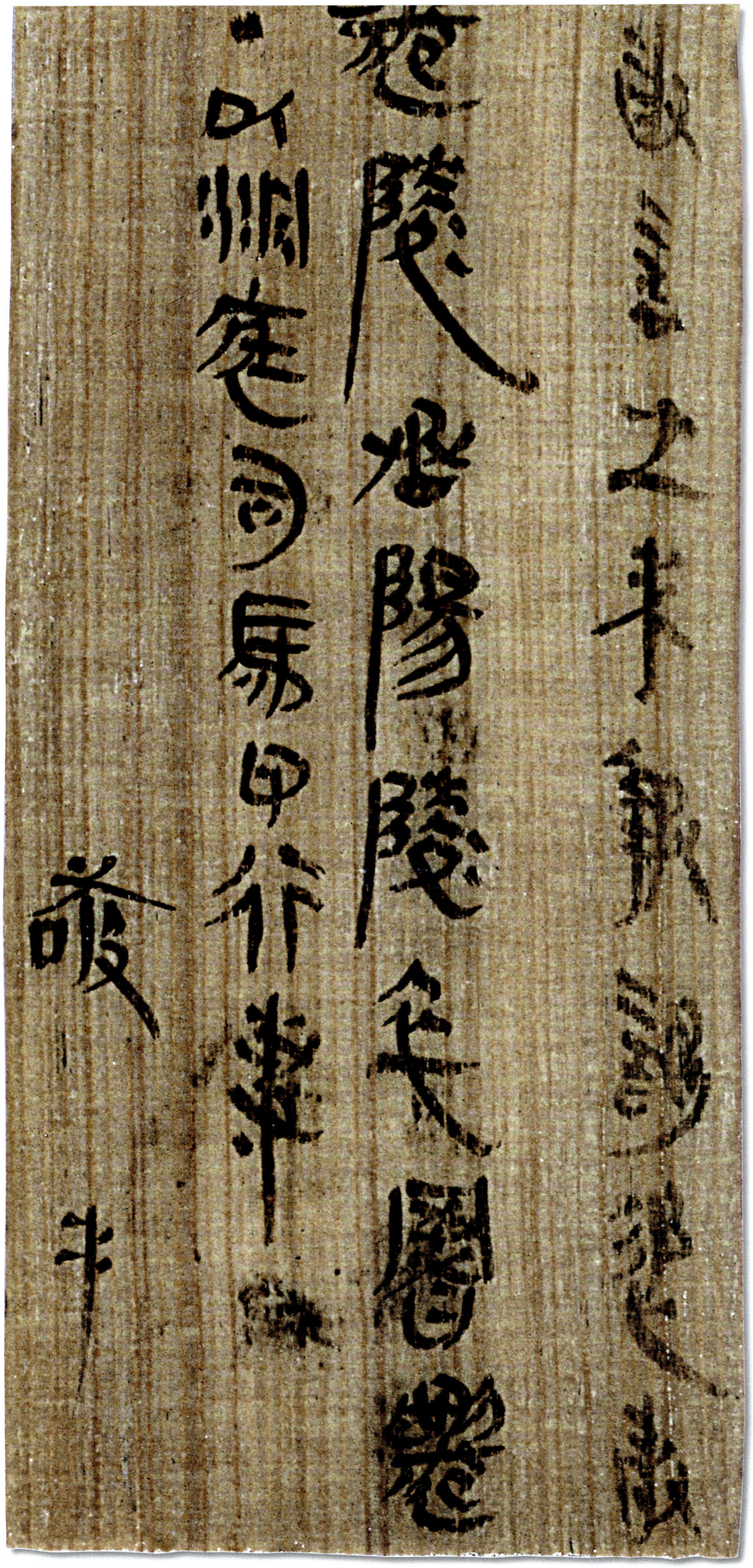

里耶簡牘（3） (局部)

釋文

① 卅三年四月辛丑朔丙午司空騰敢言之陽陵下里士五鹽有貲錢三百八十四
鹽戍洞庭郡不智何縣署・今為錢校券一上謁言洞庭尉令鹽署所
縣責以受陽陵司＝空＝不名計問何縣官計付署計年為報已訾責
其家＝貧弗能入乃移戍所報署主責發敢言之
四月己酉陽陵守丞廚敢言之寫上謁報＝署金布發敢言之／儋手
卅四年八月癸巳朔＝日陽陵遬敢言之至今未報謁追敢言之／堪手

② 四月己未朔乙丑洞庭叚尉觿謂遷陵丞陽陵卒
署遷陵以律令從事報之／嘉手以洞庭司馬印行事
敬手

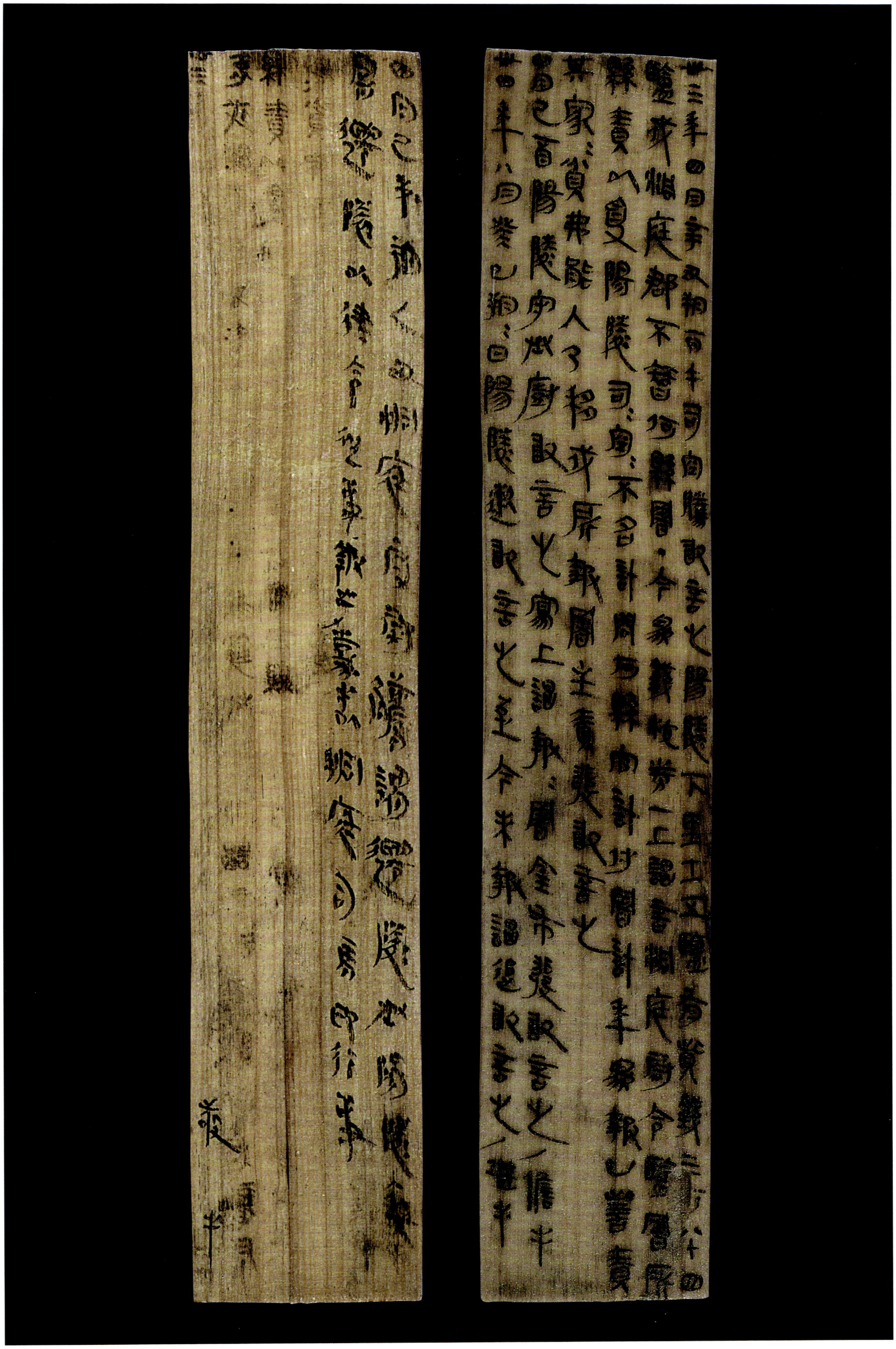

秦・里耶簡牘（4）（①正面 ②背面）

湖南湘西龍山縣里耶鎮戰國秦漢古城一號井出土 長23cm

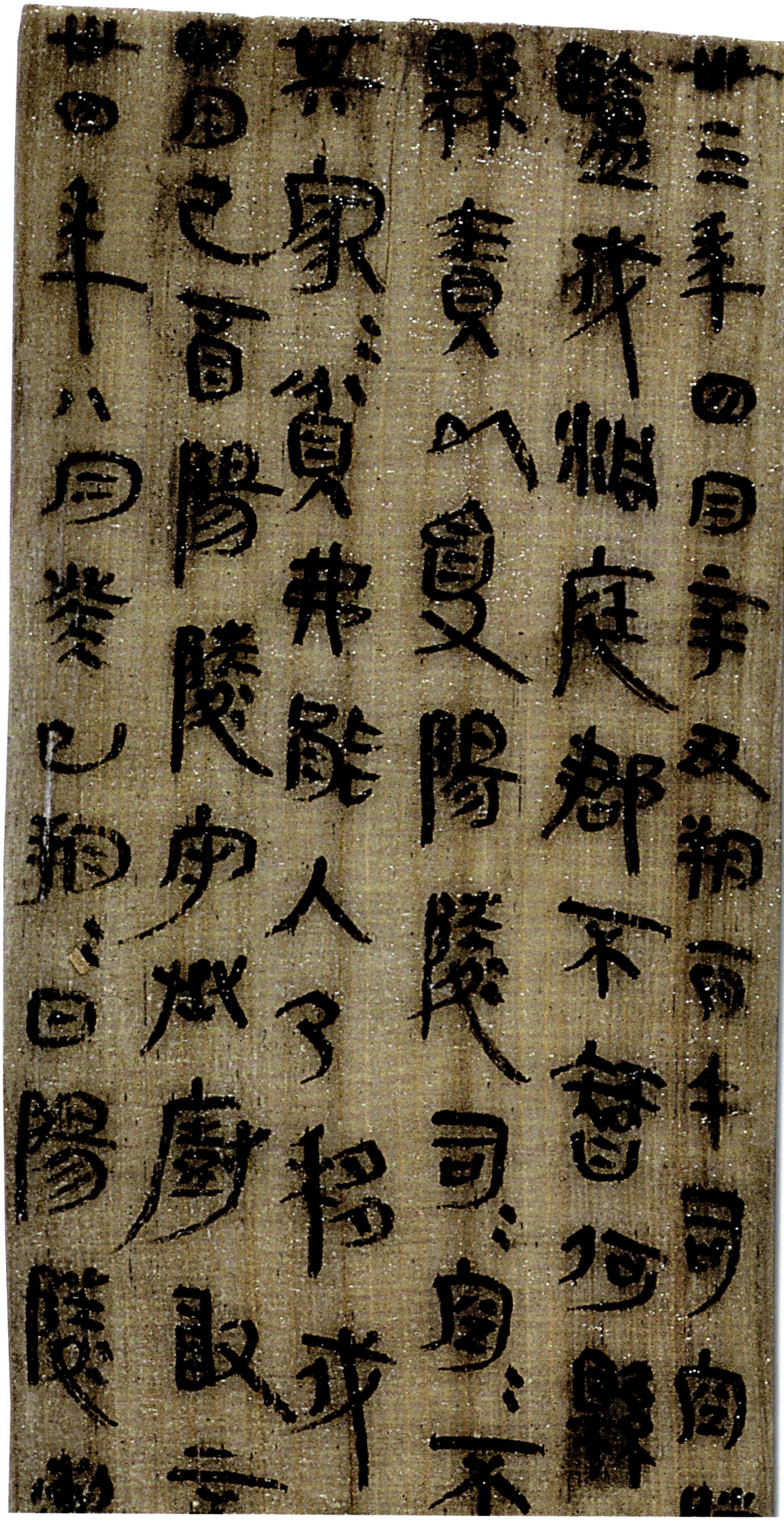

里耶簡牘（4） (局部)

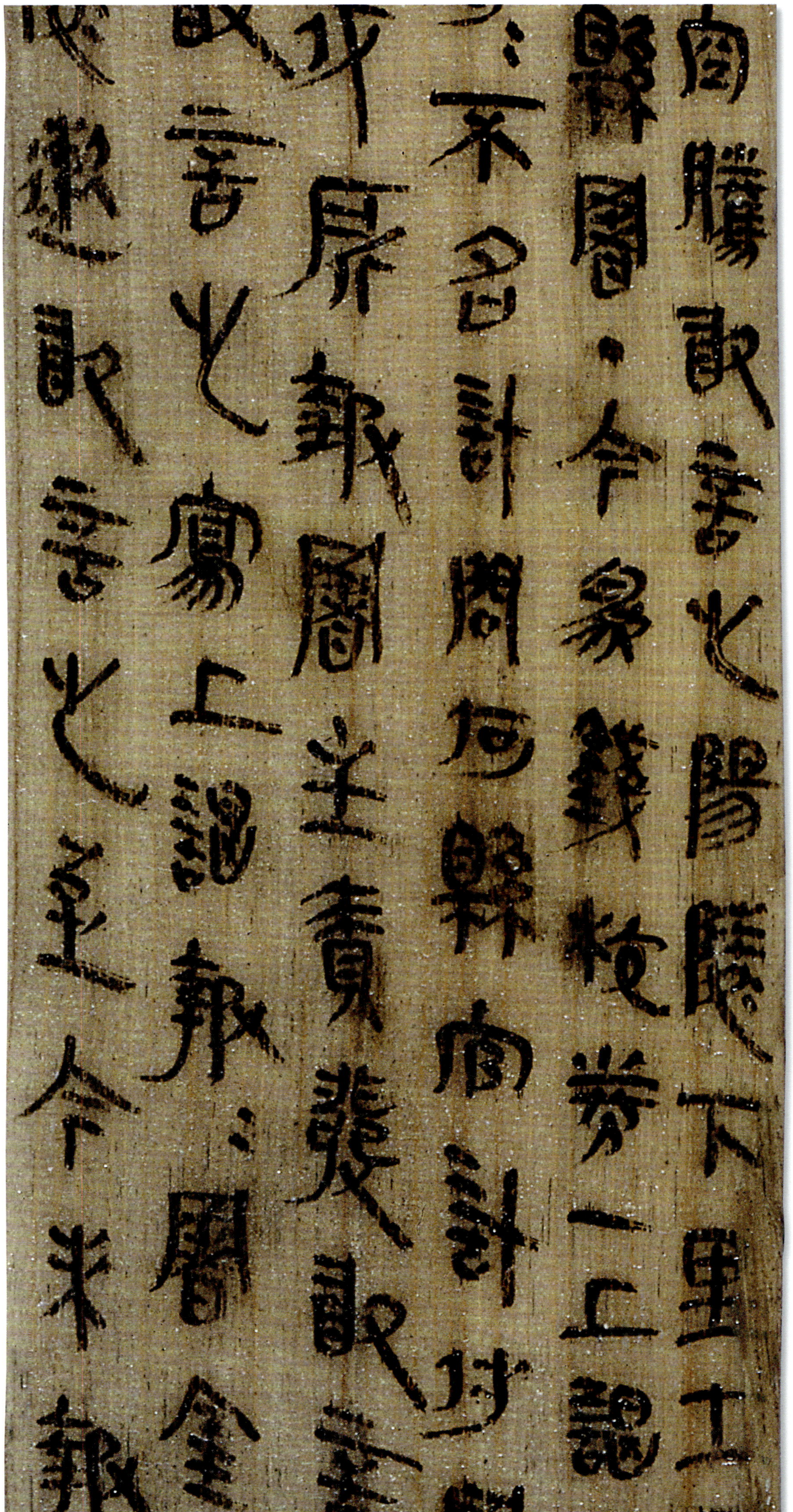

里耶簡牘（4）　(局部)

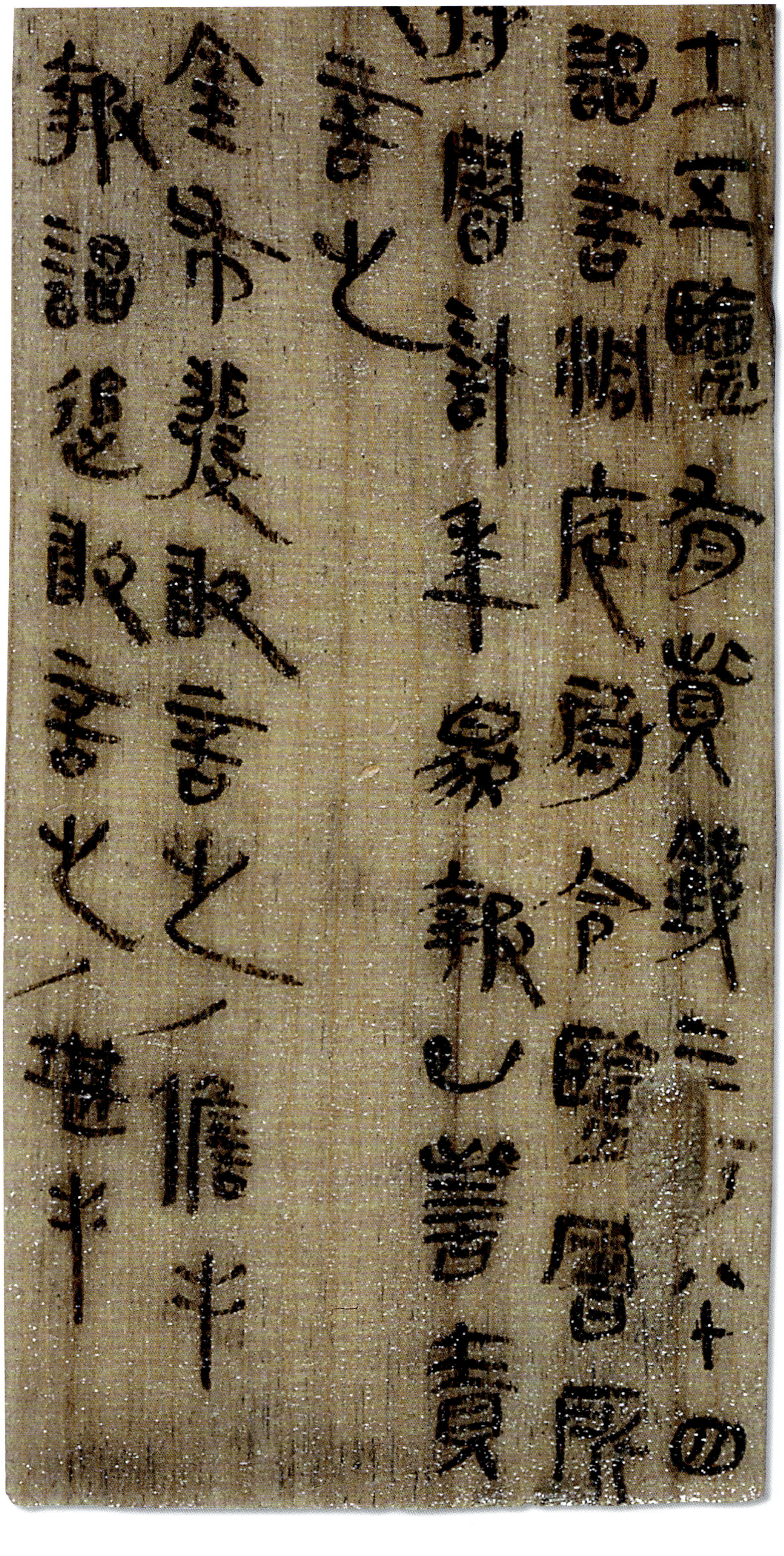

里耶簡牘（4） (局部)

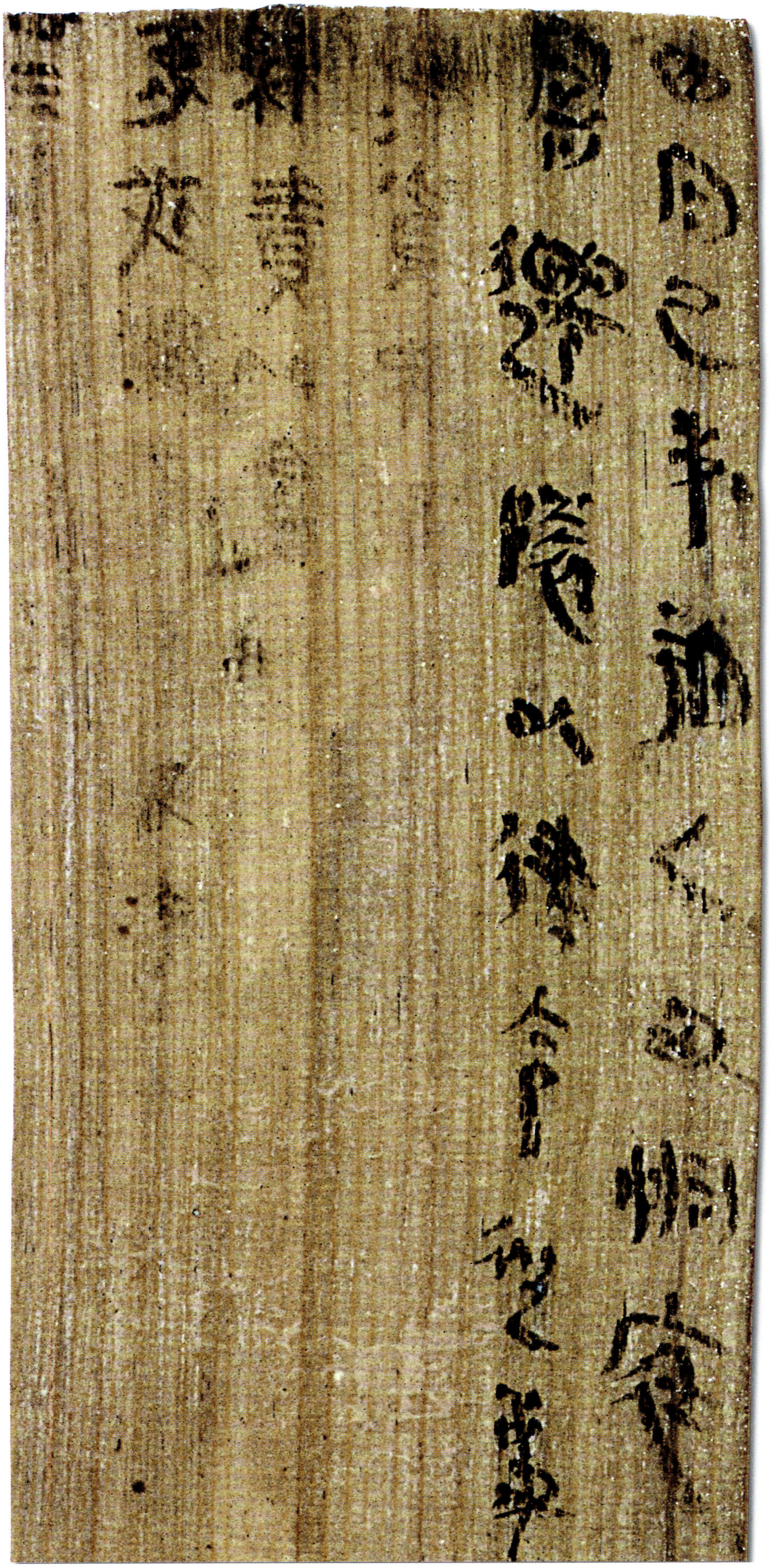

里耶簡牘（4）　(局部)

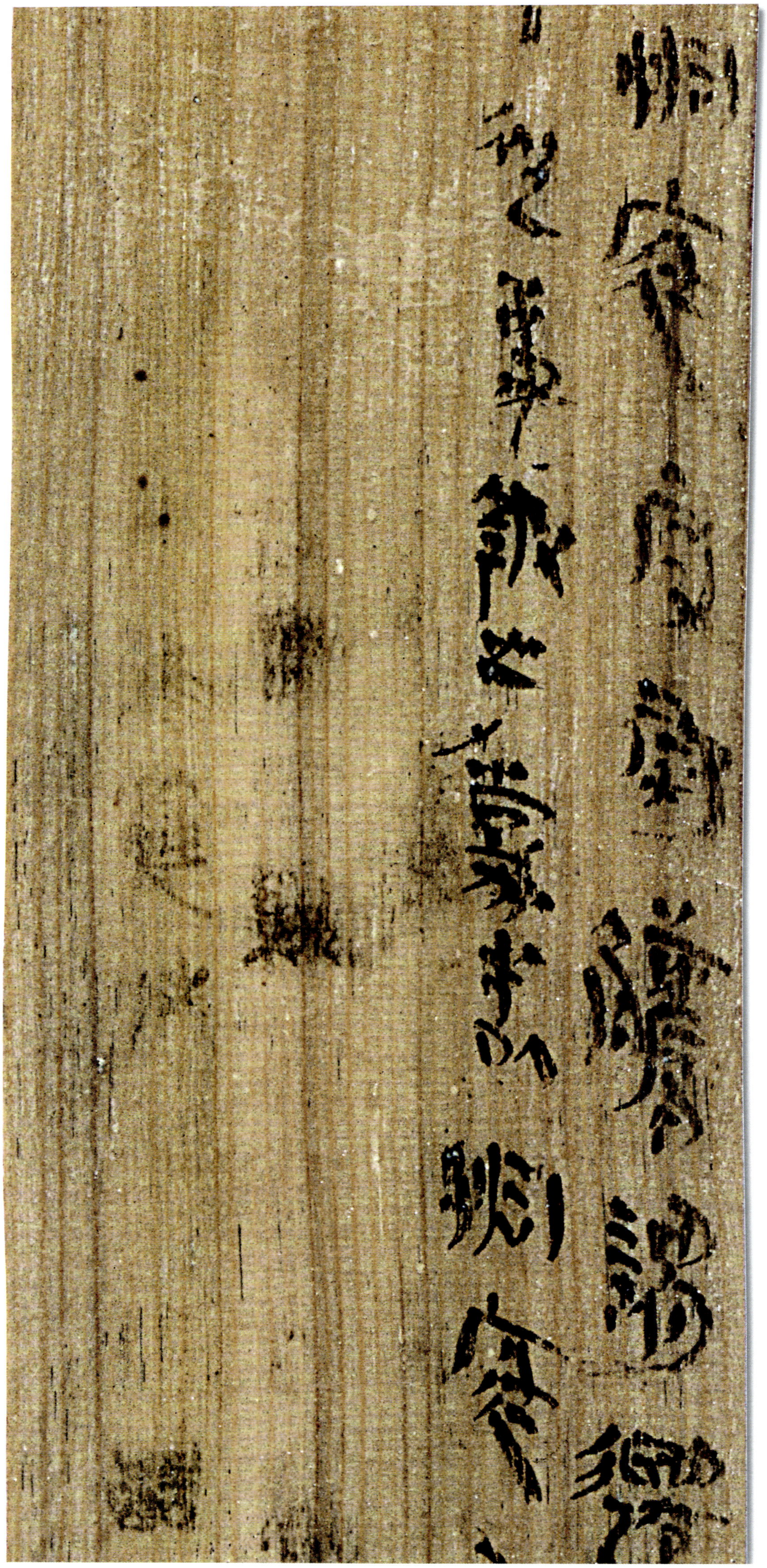

里耶簡牘（4）　(局部)

里耶簡牘（4）　(局部)

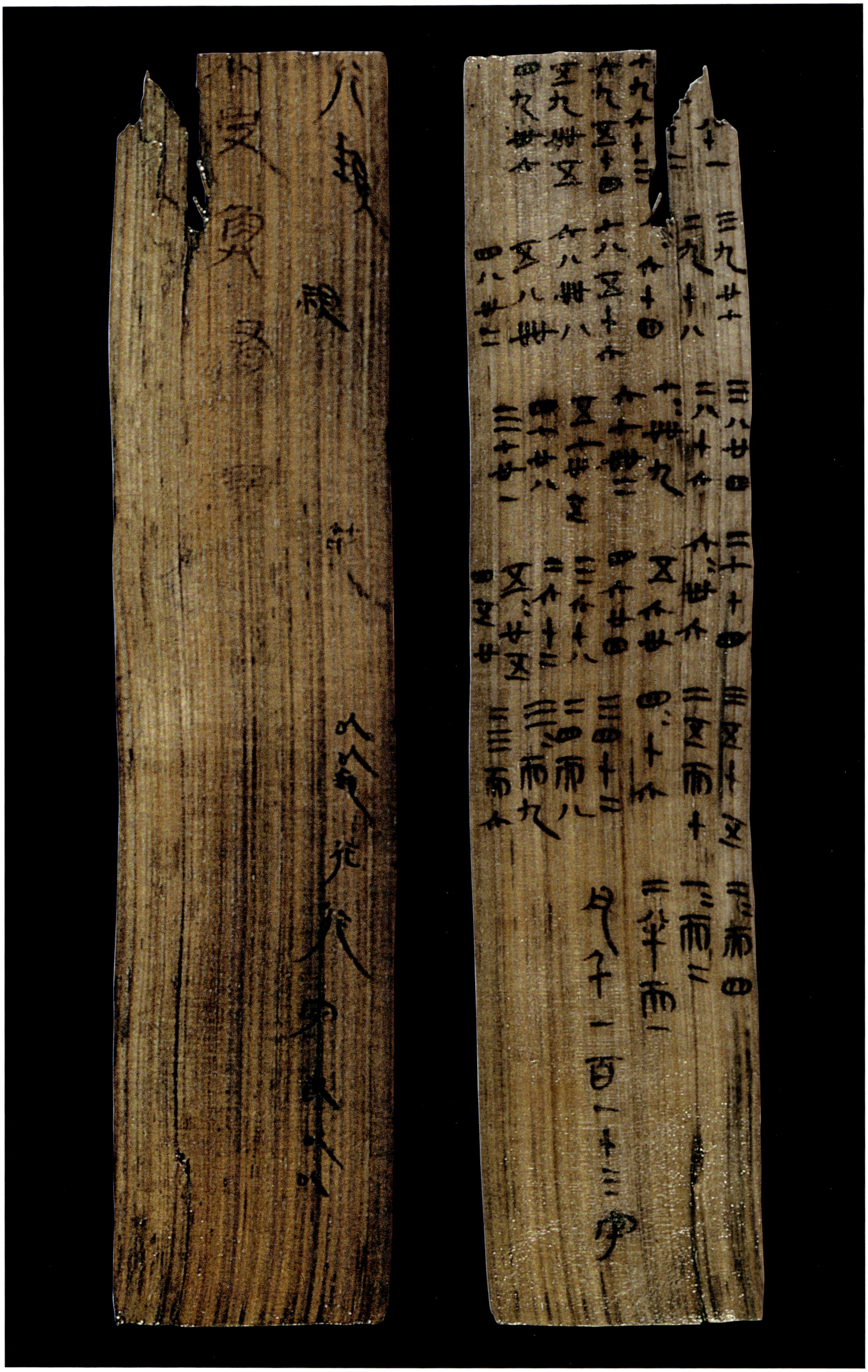

秦・里耶簡牘（５）（①正面 ②背面）

湖南湘西龍山縣里耶鎮戰國秦漢古城一號井出土 長23cm

釋文

①
九=八十一　三九廿七　三八廿四　二七十四　三五十五　二=而四
八九七十二　二九十八　二八十六　六=卅六　二五而十　一=而二
七九六十三　八=六十四　七=卌九　五六卅　四=十六　二半而一
六九五十四　七八五十六　六七卌二　四六廿四　三四十二　凡千一百一十三字
五九卌五　六八卌八　五七卅五　三六十八　二四而八
四九卅六　五八卌　四七廿八　二六十二　三=而九
四八卅二　三七廿一　五=廿五　二三而六
四五廿

②
行覲　視　範　以以郵行行守敢以以
小吏奐有□

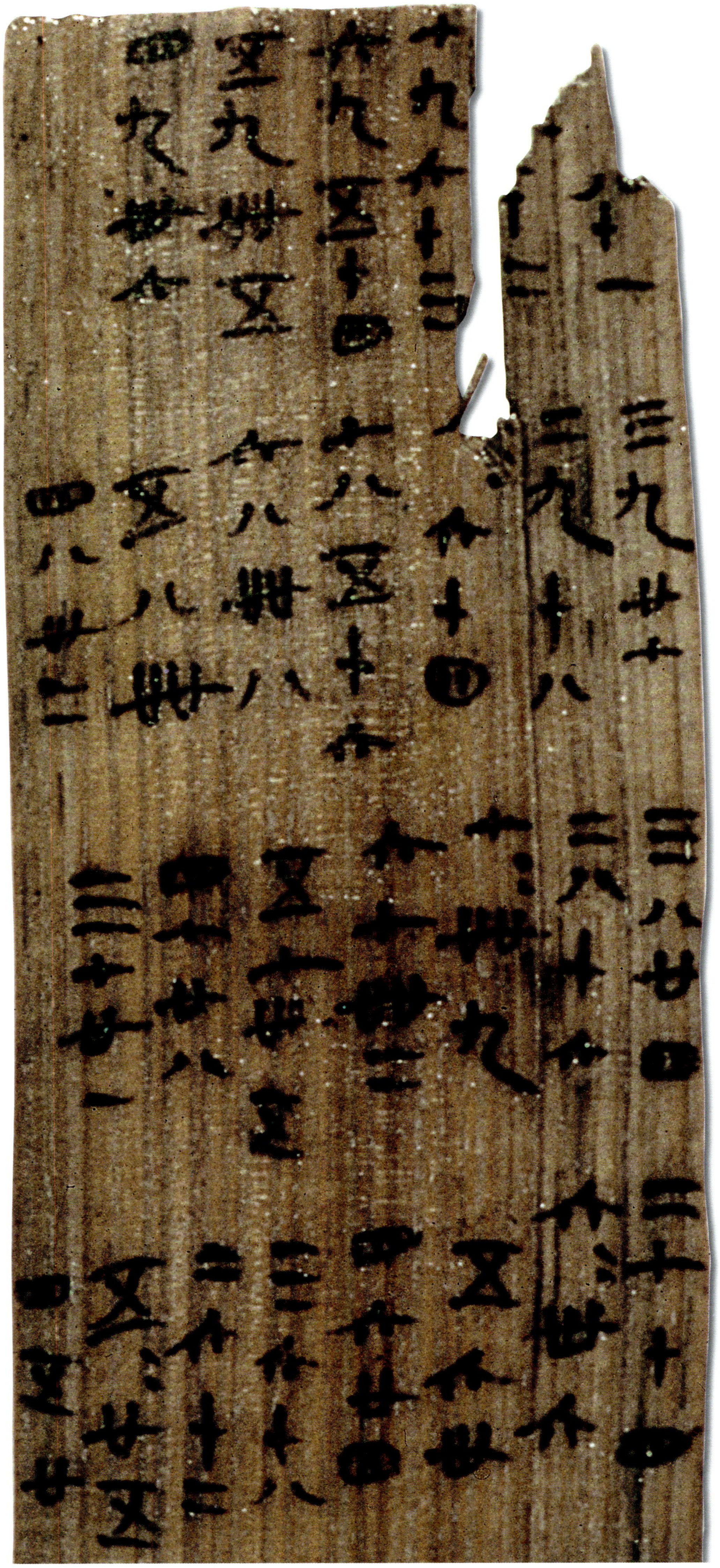

里耶簡牘（5） (局部)

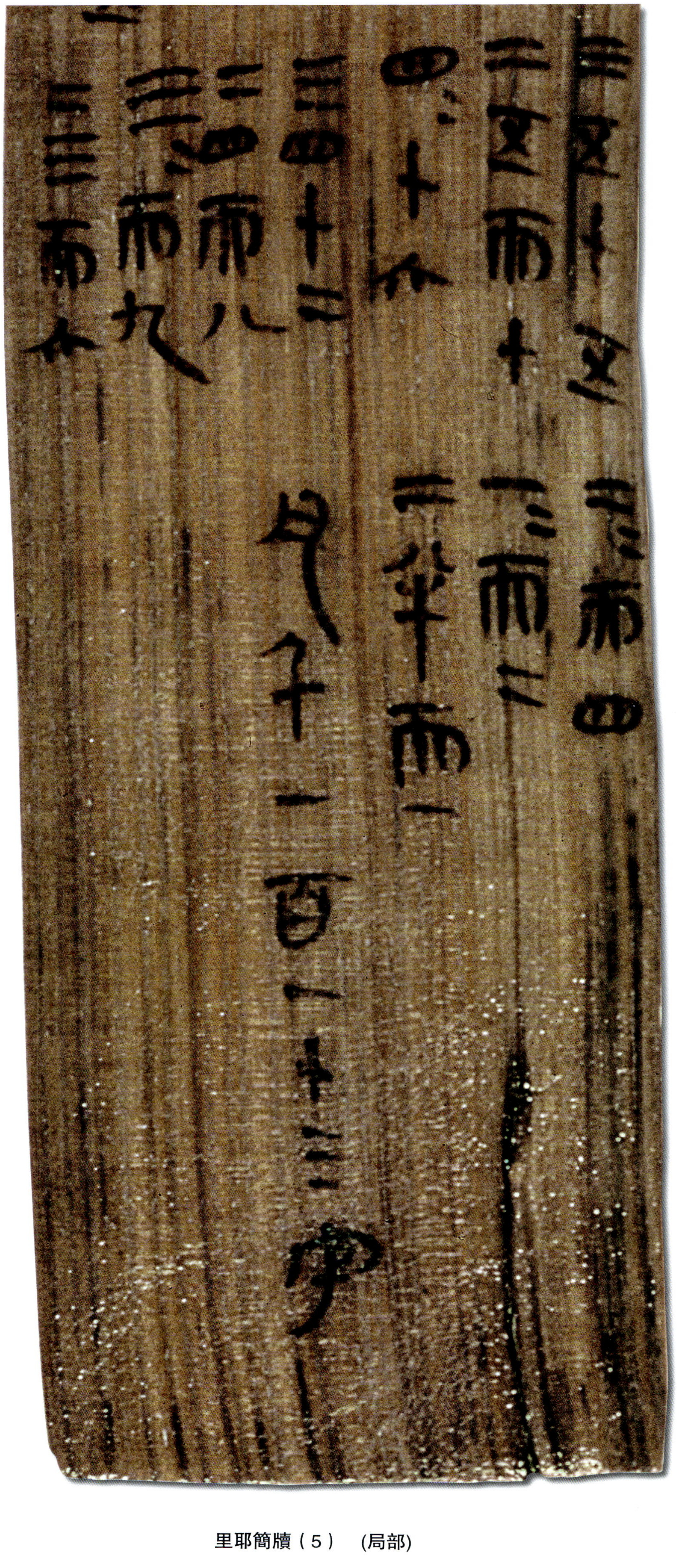

里耶簡牘（5） (局部)

里耶簡牘（５）　(局部)

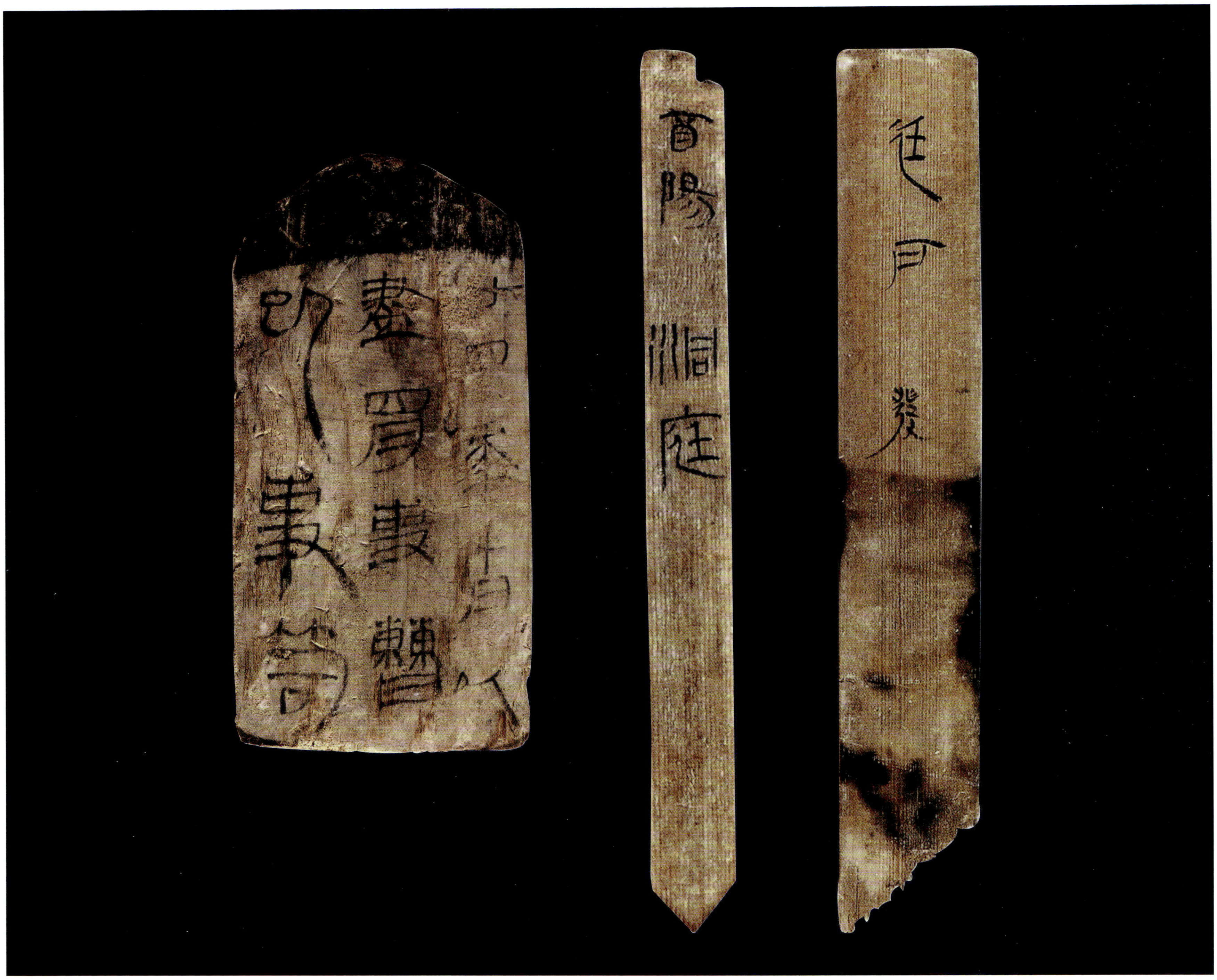

釋文

① 廷户發

② 酉陽洞庭

③ 卅四年十月以
盡四月吏曹
以吏笥

秦・里耶簡牘（6）（①②簡 ③楬）

湖南湘西龍山縣里耶鎮戰國秦漢古城一號井出土

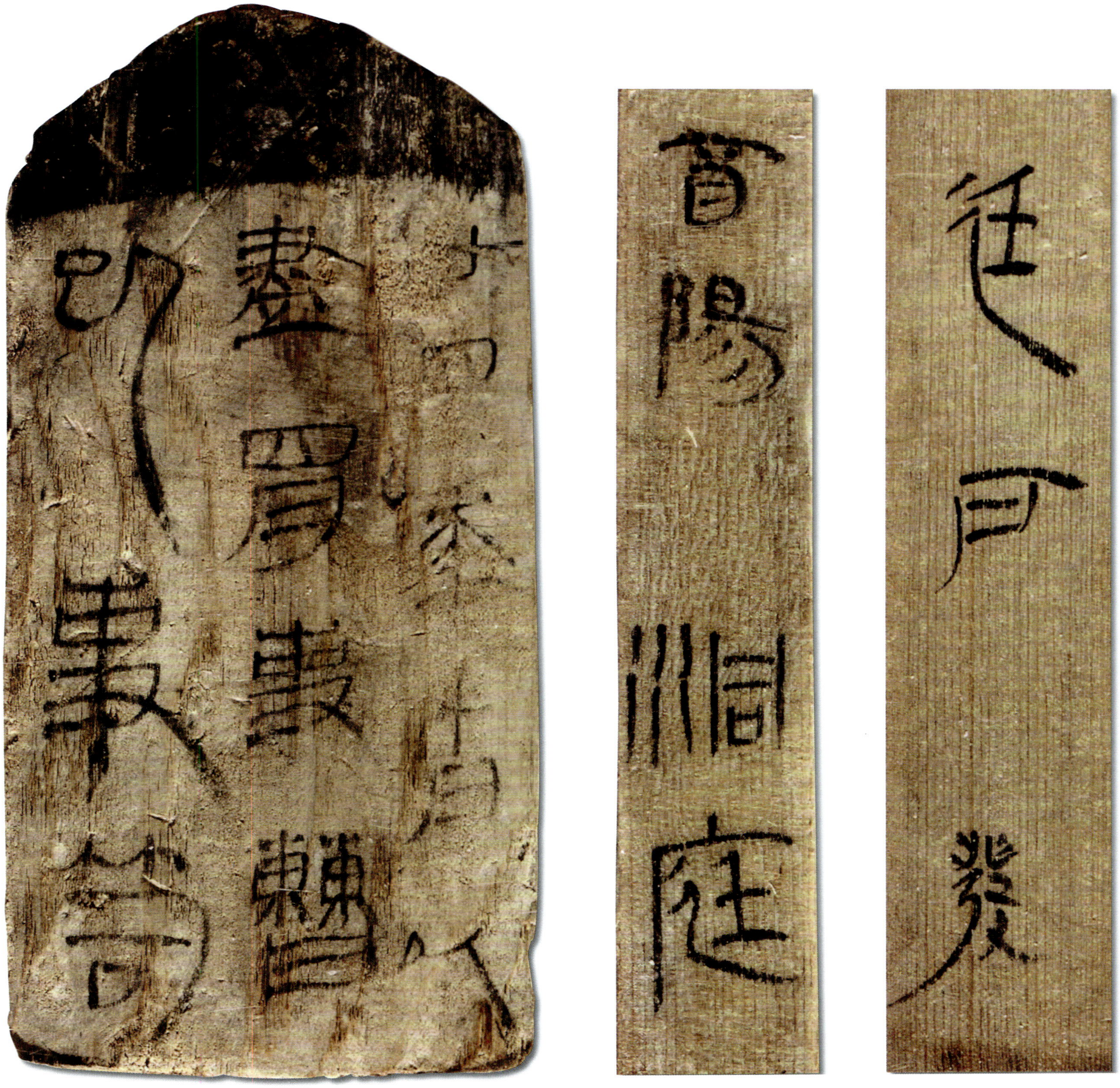

里耶簡牘（6）　(局部)

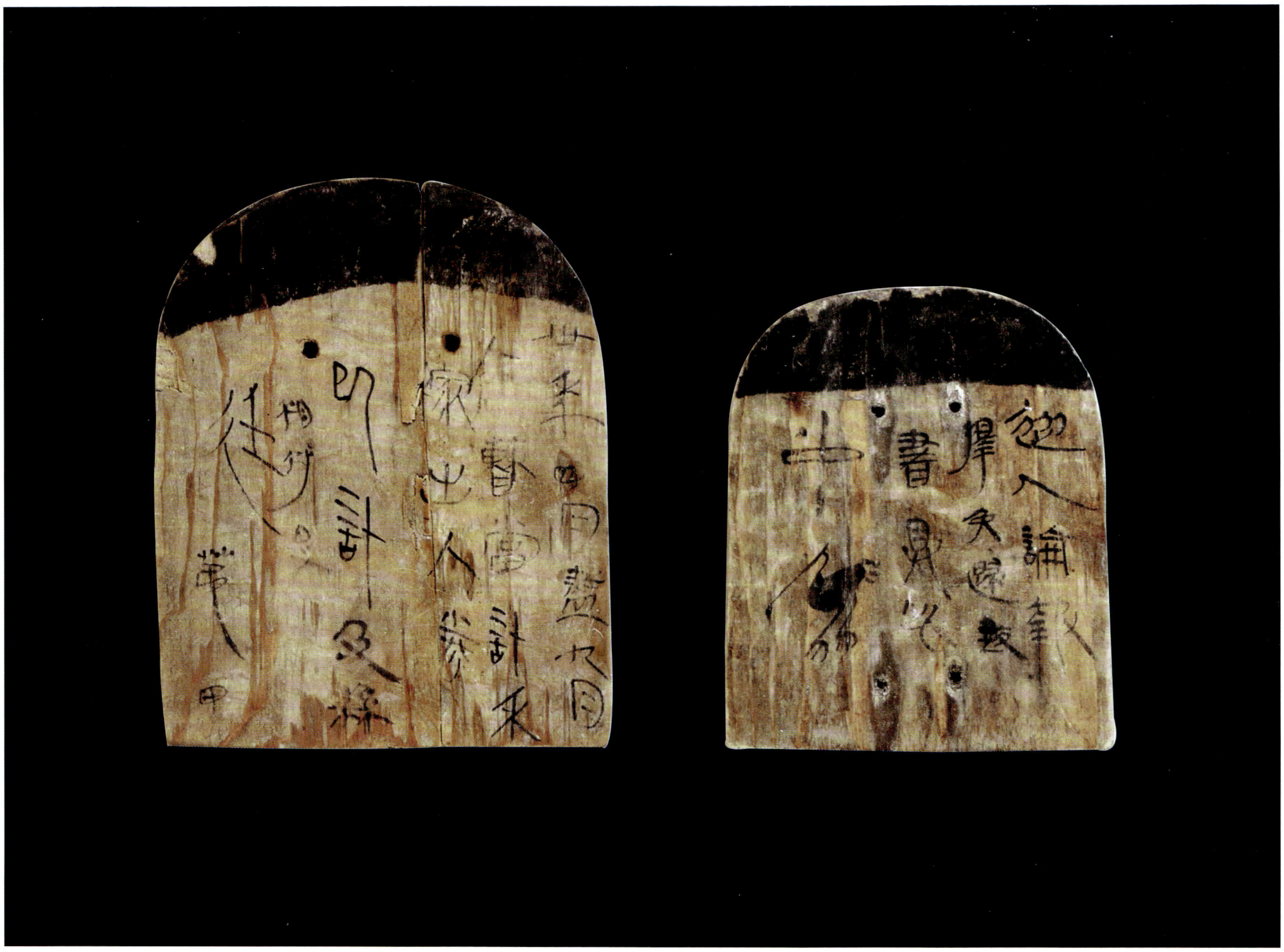

釋文

①
從人論報
擇免歸致
書具此
中

②
卅年四月盡九月
倉曹當計禾
稼出入券
以計及縣
相付受
延
第甲

秦・里耶簡牘（7）（楬）

湖南湘西龍山縣里耶鎮戰國秦漢古城一號井出土

里耶簡牘（7） (局部)